Impressum
Verlag: BABADADA GmbH, Nedderfeld 112 , 22529 Hamburg
Geschäftsführer / Verlagsleitung: Harald Hof
Druck: Books on Demand GmbH, In de Tarpen 42, 22848 Norderstedt

Imprint
Publisher: BABADADA GmbH, Nedderfeld 112 , 22529 Hamburg, Germany
Managing Director / Publishing direction: Harald Hof
Print: Books on Demand GmbH, In de Tarpen 42, 22848 Norderstedt, Germany

skole
школа

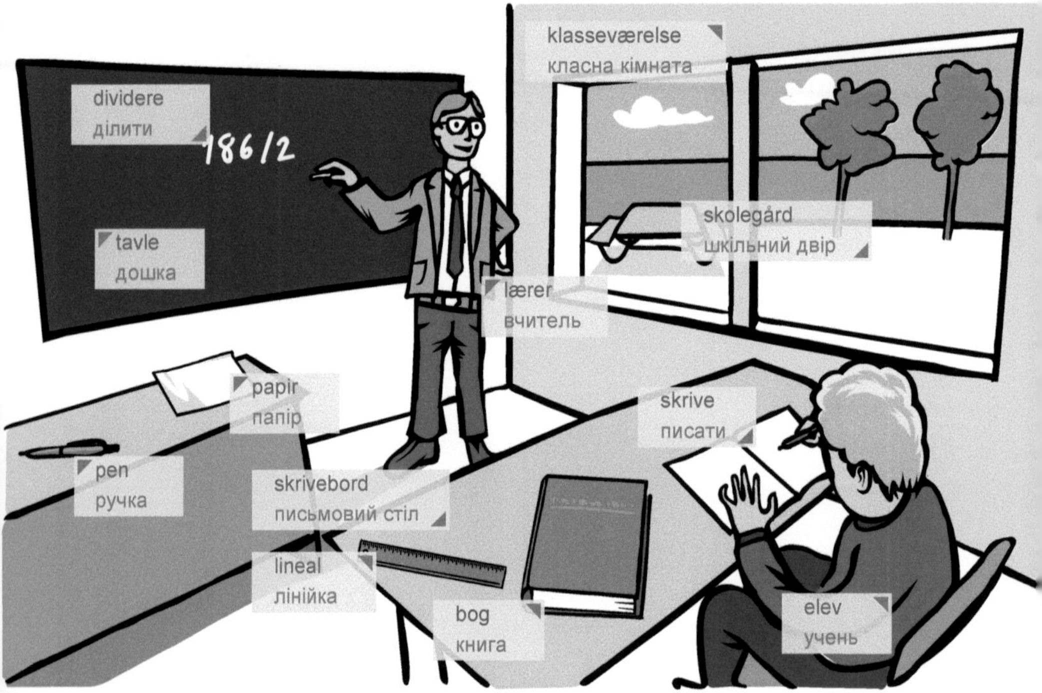

klasseværelse
класна кімната
dividere
ділити
186/2
skolegård
шкільний двір
tavle
дошка
lærer
вчитель
papir
папір
skrive
писати
pen
ручка
skrivebord
письмовий стіл
lineal
лінійка
bog
книга
elev
учень

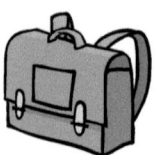

skoletaske

ранець

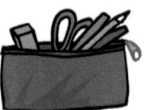

penalhus

пенал

blyant

олівець

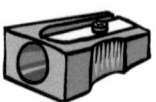

blyantspidser

точило

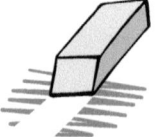

viskelæder

гумка

tegneblok

альбом для малювання

tegning

малюнок

pensel

пензель

æske med vandfarver

коробка фарб

saks

ножиці

lim

клей

opgavehefte

зошит

lektie

домашнє завдання

tal

число

addere

додавати

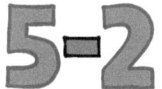

subtrahere

віднімати

multiplicere

множити

regne

рахувати

bogstav

літера

alfabet

абетка

hello

ord

слово

tekst

текст

læse

читати

kridt

крейда

time

година

klasseprotokol

класний журнал

eksamen

екзамен

karakterbog

диплом

skoleuniform

шкільна форма

uddannelse

освіта

leksikon

лексикон

universitet

університет

mikroskop

мікроскоп

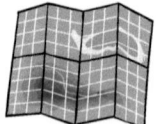

kort

карта

papirkurv

кошик для паперу

rejse
подорож

hotel
готель
Grand
herberg
турбаза
ROOMS
vekselkontor
обмінний пункт
EXCHANGE
kuffert
валіза
bil
автомобіль

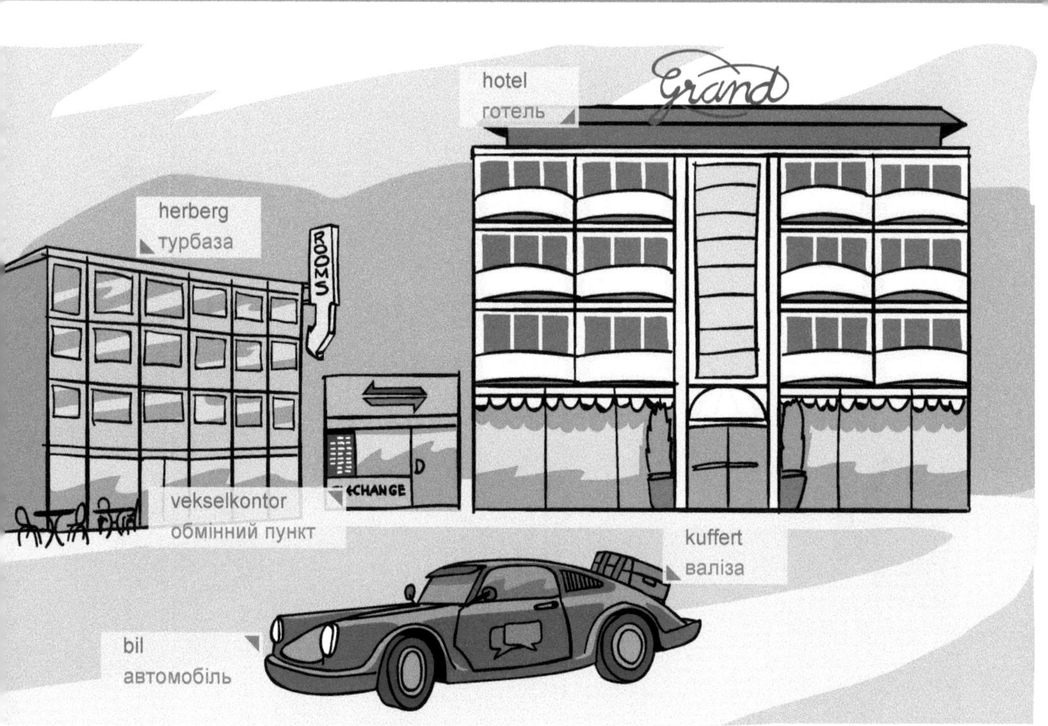

sprog
мова

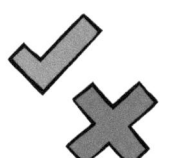

ja / nej
так / ні

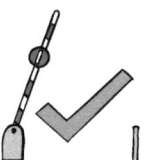

okay
добре

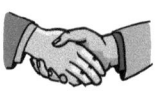

hej
привіт

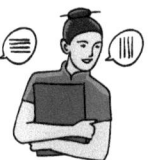

oversætter
перекладач

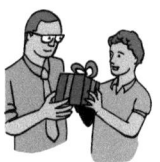

tak
дякую

hvad koster…?

Скільки коштує …?

Jeg forstår ikke

Я не розумію

problem

проблема

God aften!

Добрий вечір!

God morgen!

Доброго ранку!

God nat!

На добраніч!

farvel

До побачення

retning

напрямок

bagage

багаж

taske

сумка

rygsæk

рюкзак

gæst

гість

værelse

кімната

sovepose

спальний мішок

telt

намет

turistinformation

туристична інформація

strand

пляж

kreditkort

кредитна картка

morgenmad

сніданок

middagsmad

обід

aftensmad

вечеря

billet

квиток

elevator

ліфт

frimærke

поштова марка

grænse

межа

told

митниця

ambassade

посольство

visum

віза

pas

паспорт

transport

транспорт

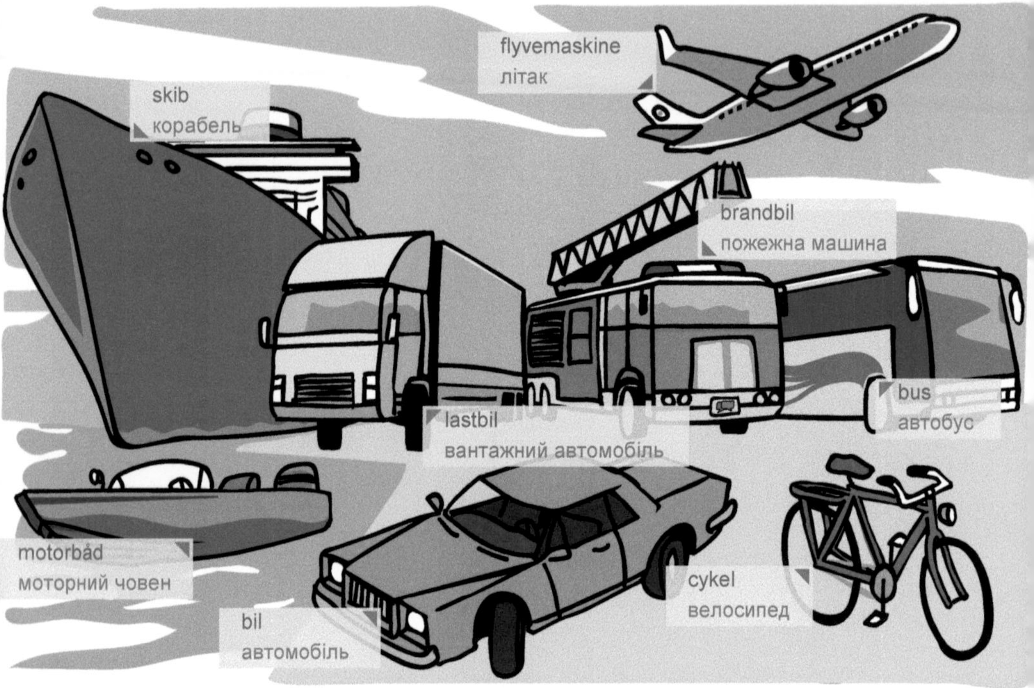

flyvemaskine
літак
skib
корабель
brandbil
пожежна машина
bus
автобус
lastbil
вантажний автомобіль
motorbåd
моторний човен
cykel
велосипед
bil
автомобіль

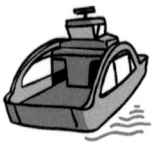

færge

пором

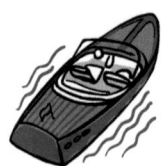

båd

човен

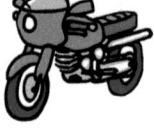

motorcykel

мотоцикл

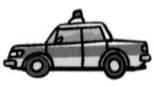

politibil

поліцейська машина

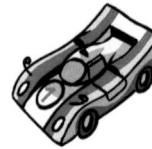

racerbil

гоночний автомобіль

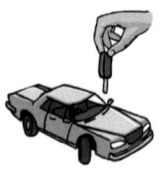

lejebil

автомобіль на прокат

samkørsel

спільне користування авто

kranbil

евакуатор

skraldebil

сміттєвоз

motor

двигун

benzin

паливо

tankstation

автозаправна станція

trafikskilt

дорожній знак

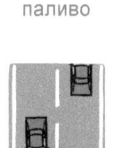
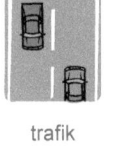

trafik

рух

trafikprop

затор

parkeringsplads

стоянка

banegård

вокзал

skinner

рейки

tog

потяг

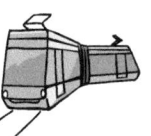

sporvogn

трамвай

wagon

вагон

helikopter

гелікоптер

lufthavn

аеропорт

tårn

вежа

passager

пасажир

container

контейнер

karton

коробка

kærre

візок

kurv

кошик

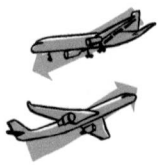

starte / lande

стартувати / приземлятися

by

місто

landsby

село

bymidte

центр міста

hus

дім

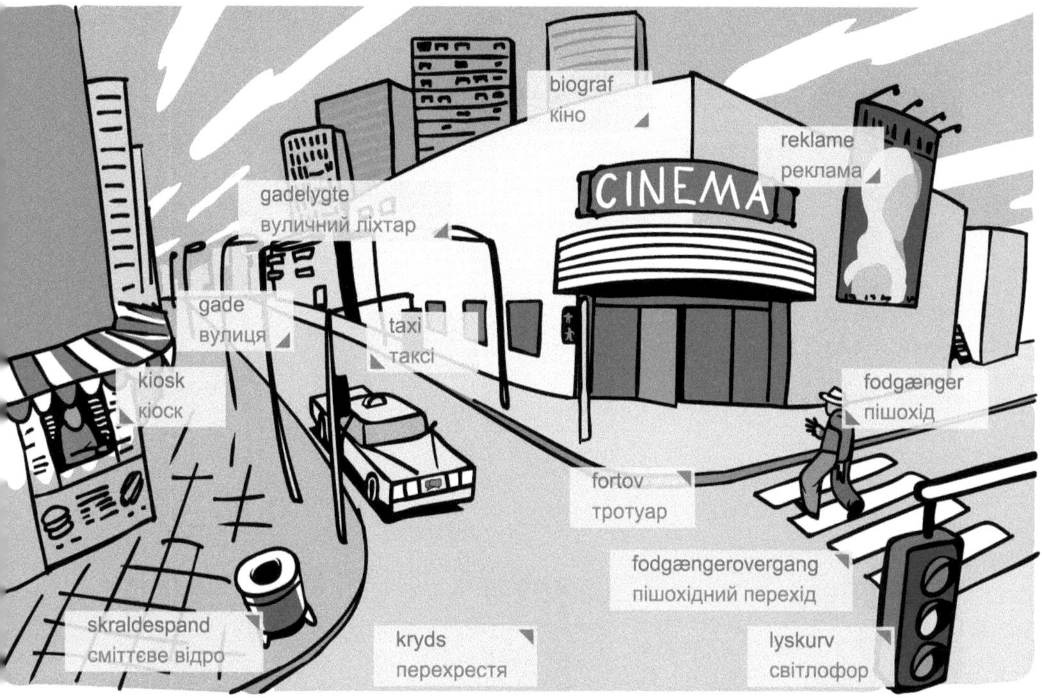

biograf
кіно

reklame
реклама

gadelygte
вуличний ліхтар

gade
вулиця

taxi
таксі

kiosk
кіоск

CINEMA

fodgænger
пішохід

fortov
тротуар

fodgængerovergang
пішохідний перехід

skraldespand
сміттєве відро

kryds
перехрестя

lyskurv
світлофор

hytte

хатина

lejlighed

квартира

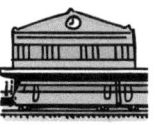

banegård

вокзал

rådhus

ратуша

museum

музей

skole

школа

universitet

університет

bank

банк

sygehus

лікарня

hotel

готель

apotek

аптека

kontor

офіс

boghandel

книжковий магазин

butik

магазин

blomsterbutik

квітковий магазин

supermarked

супермаркет

marked

ринок

stormagasin

універмаг

fiskehandler

торговець рибою

butikscenter

торговельний центр

havn

гавань

park

парк

bænk

лава

bro

міст

trappe

сходи

undergrundsbane

метро

tunnel

тунель

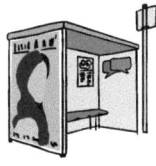

busstoppested

автобусна зупинка

barnevogn

бар

restaurant

ресторан

postkasse

поштова скринька

vejskilt

вулична табличка

parkometer

лічильник паркування

zoo

зоопарк

badeanstalt

басейн

moske

мечеть

bondegård

ферма

miljøforurening

забруднення навколишнього середовища

kirkegård

кладовище

kirke

церква

legeplads

дитячий майданчик

tempel

храм

landskab

ландшафт

blad
листок

vejviser
вказівний стовп

vej
шлях

eng
луг

sten
камінь

vandrer
мандрівник

træ
дерево

flod
річка

græs
трава

blomst
квітка

dal

долина

bjerg

гора

sø

озеро

skov

ліс

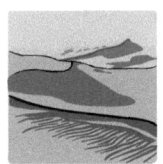

ørken

пустеля

vulkan

вулкан

slot

замок

regnbue

веселка

svamp

гриб

palme

пальма

moskito

комар

flue

муха

myre

мурашка

bi

бджола

edderkop

павук

bille

жук

frø

жаба

egern

вивірка

pindsvin

їжак

hare

заєць

ugle

сова

fugl

птах

svane

лебідь

vildsvin

кабан

hjort

олень

elg

лось

dæmning

гребля

vindmølle

вітряк

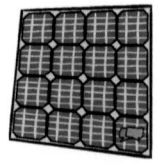

solcellemodul

сонячний модуль

klima

клімат

tjener
офіціант

spisekort
меню

stol
стілець

suppe
суп

pizza
піца

borddug
скатертина

bestik
столові прилади

forret

закуска

hovedret

друга страва

dessert

десерт

drikkevarer

напої

mad

їжа

flaske

пляшка

fastfood

фаст-фуд

streetfood

вулична їжа

tekande

чайник

sukkerdåse

цукорниця

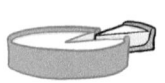

portion

порція

espressomaskine

еспресо-машина

barnestol

високий стільчик

faktura

рахунок

tablet

піднос

kniv

ніж

gaffel

вилка

ske

ложка

teske

чайна ложка

serviet

серветка

glas

склянка

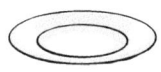

tallerken

тарілка

dyb tallerken

тарілка для супу

underkop

блюдце

sovs

соус

saltbøsse

солонка

peberkværn

млин для перцю

eddike

оцет

olie

масло

krydderier

спеції

ketchup

кетчуп

sennep

гірчиця

mayonnaise

майонез

supermarked

супермаркет

tilbud
пропозиція
FOR
kunde
клієнт
mælkeprodukter
молочні продукти
frugt
фрукти
indkøbsvogn
візок для покупок

BUTCHERS

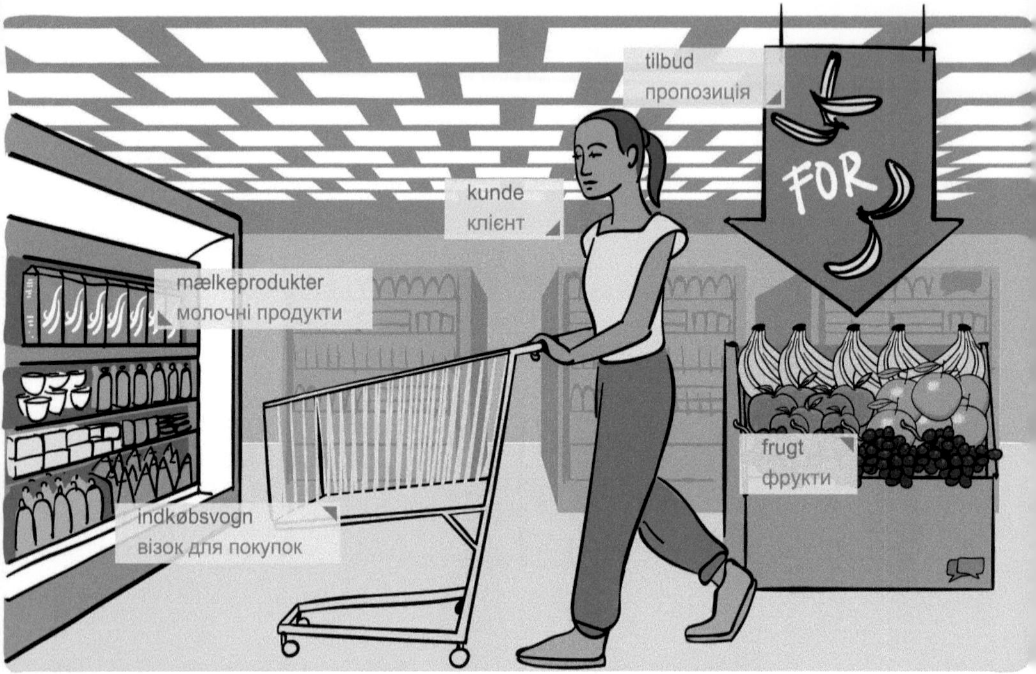

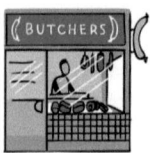

slagter

м'ясний магазин

BAKERY

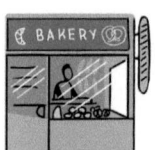

bageri

пекарня

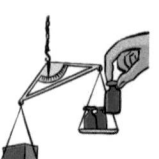

veje

зважувати

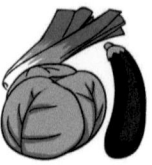

grøntsager

овочі

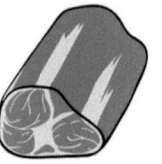

kød

м'ясо

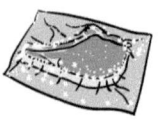

frostvarer

заморожені продукти

pålæg

ковбасна нарізка

konserves

консерви

vaskemiddel

пральний порошок

slik

солодощи

husholdningsvarer

предмети домашнього
побуту

rengøringsmidler

мийний засіб

ekspedient

продавщиця

kasse

каса

kasserer

касир

indkøbsliste

список покупок

åbningstider

часи роботи

tegnebog

гаманець

kreditkort

кредитна картка

taske

сумка

plasticpose

поліетиленовий пакет

vand

вода

saft

сік

mælk

молоко

cola

кола

vin

вино

øl

пиво

alkohol

алкоголь

kakao

какао

te

чай

kaffe

кава

espresso

еспресо

cappuccino

капучіно

banan

банан

æble

яблуко

appelsin

апельсин

melon

кавун

citron

лимон

gulerod

морква

hvidløg

часник

bambus

бамбук

løg

цибуля

svamp

гриб

nødder

горішки

nudler

локшина

spaghetti

спагеті

ris

рис

salat

салат

pomfritter

картопля фрі

stegte kartofler

смажена картопля

pizza

піца

hamburger

гамбургер

sandwich

бутерброд

schnitzel

шніцель

skinke

шинка

salami

салямі

pølse

ковбаса

kylling

курка

steg

печеня

fisk

риба

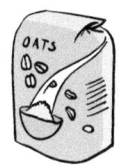

havregryn

вівсяні пластівці

mysli

мюслі

cornflakes

кукурудзяні пластівці

mel

борошно

croissant

круасан

rundstykke

булочка

brød

хліб

toast

тостовий хліб

kiks

печиво

smør

масло

kvark

сир

kage

пиріг

æg

яйце

spejlæg

яєчня

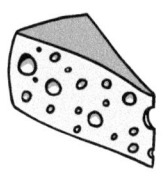

ost

сир

is

морозиво

sukker

цукор

honning

мед

marmelade

мармелад

nougat-creme

нуга-крем

karry

карі

mad - їжа

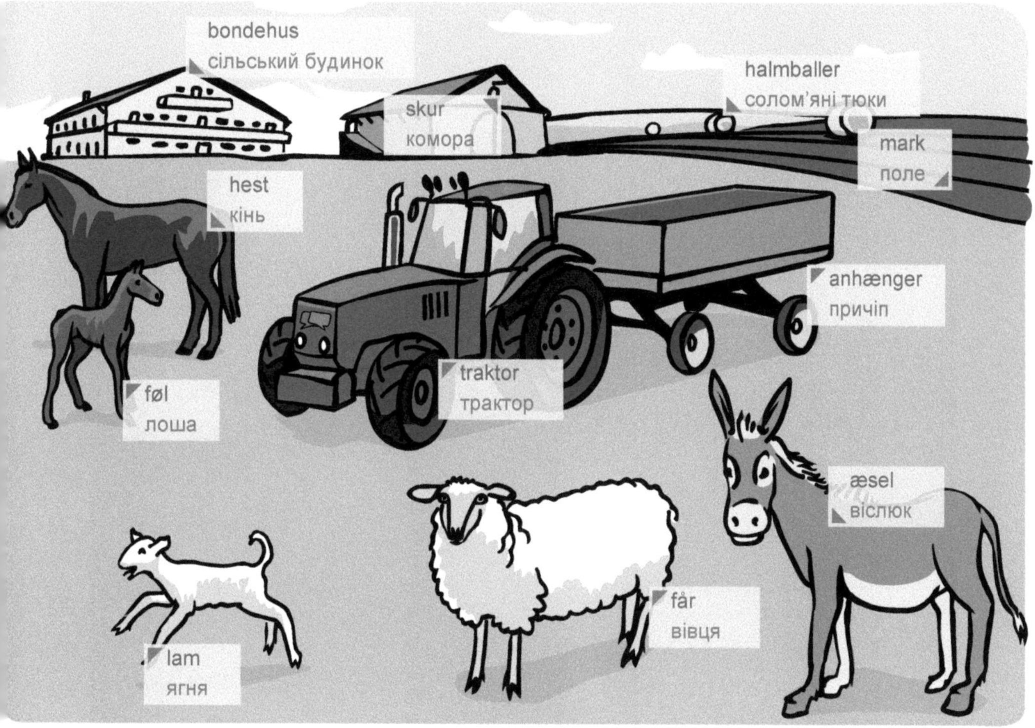

bondehus
сільський будинок

skur
комора

halmballer
солом'яні тюки

mark
поле

hest
кінь

anhænger
причіп

føl
лоша

traktor
трактор

æsel
віслюк

lam
ягня

får
вівця

ged

коза

ko

корова

kalv

теля

svin

свиня

gris

порося

tyr

бик

gås

гусак

and

качка

kylling

курча

høne

курка

hane

півень

rotte

щур

kat

кіт

mus

миша

okse

віл

hund

собака

hundehus

собача будка

haveslange

садовий шланг

vandkande

лійка

le

коса

plov

плуг

bondegård - ферма

segl

серп

hakkejern

мотика

møggreb

вила

økse

сокира

trillebør

тачка

trug

корито

mælkekande

бідон молока

sæk

мішок

hæk

паркан

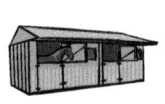

stald

хлів

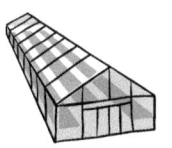

drivhus

теплиця

jord

ґрунт

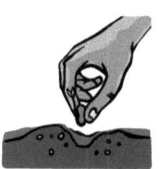

frø

насіння

gødning

добриво

mejetærsker

комбайн

høste

пожинати

høst

урожай

yams

корінь ямсу

hvede

пшениця

soja

соя

kartoffel

картопля

majs

кукурудза

raps

ріпак

frugttræ

плодове дерево

maniok

маніок

korn

злаки

skorsten
димохід

tag
дах

tagrende
водостічний лоток

vindue
вікно

garage
гараж

dørklokke
дзвінок

dør
двері

skraldespand
відро для сміття

postkasse
поштова скринька

have
сад

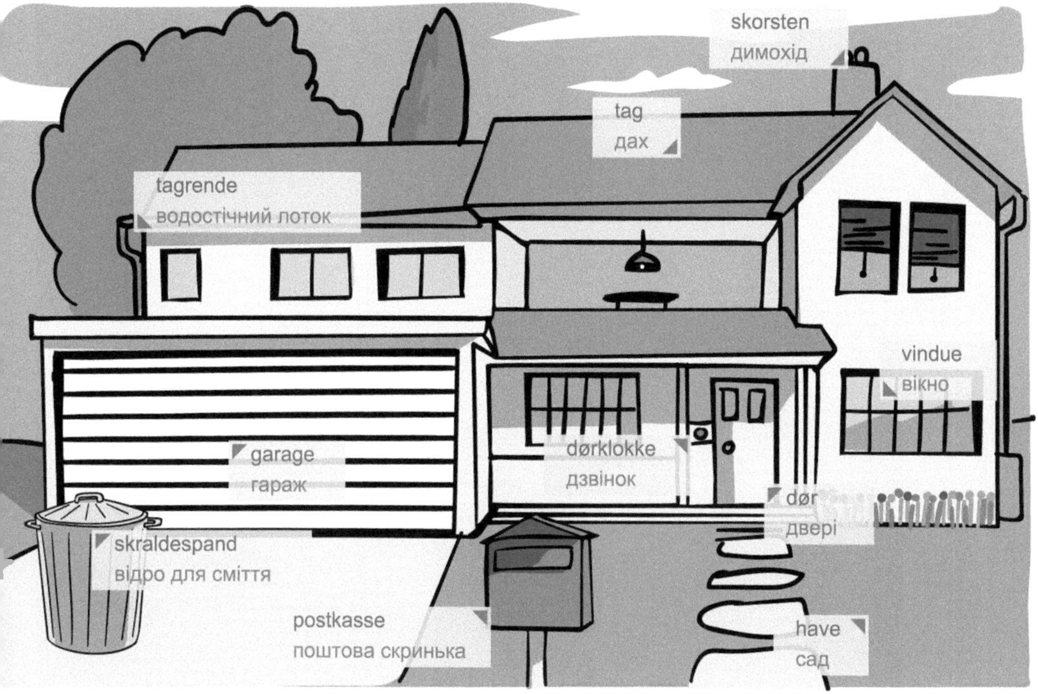

stue

вітальня

badeværelse

ванна кімната

køkken

кухня

soveværelse

спальня

børneværelse

дитяча кімната

spisestue

їдальня

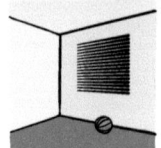

gulv

підлога

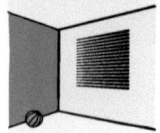

væg

стіна

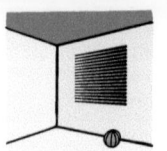

loft

стеля

kælder

підвал

sauna

сауна

altan

балкон

terrasse

тераса

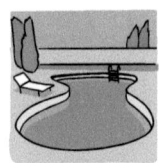

svømmehal

басейн

plæneklipper

косарка

dynebetræk

простирало

dyne

ковдра

seng

ліжко

kost

мітла

spand

відро

kontakt

перемикач

stue

вітальня

tapet
шпалери
billede
малюнок
lampe
лампа
reol
поличка
skab
шафа
fjernsyn
телевізор
pejs
камін
blomst
квітка
pude
подушка
sofa
диван
vase
ваза
fjernbetjening
пульт

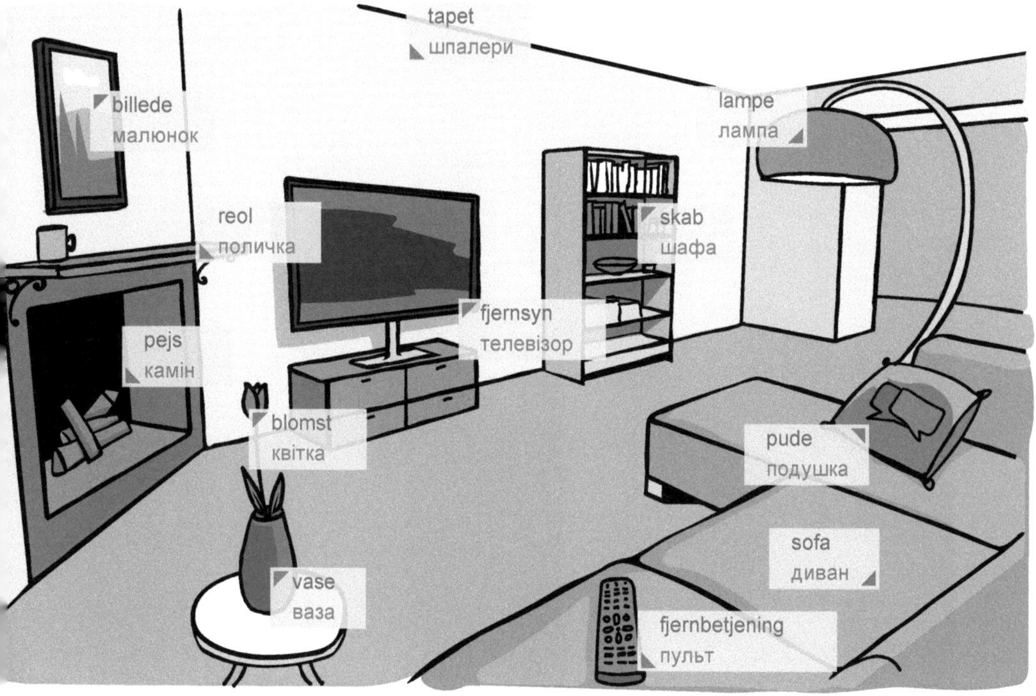

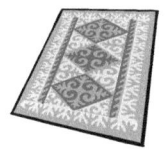

gulvtæppe

килим

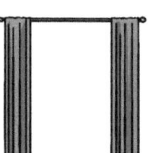

gardin

завіса

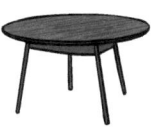

bord

стіл

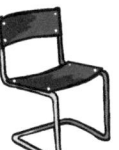

stol

стілець

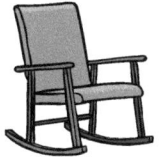

gyngestol

крісло-гойдалка

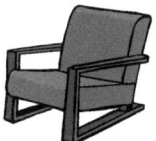

lænestol

крісло

bog

книга

tæppe

ковдра

dekoration

прикраса

brænde

дрова

film

фільм

stereoanlæg

стереосистема

nøgle

ключ

avis

газета

maleri

картина

plakat

плакат

radio

радіо

notesblok

блокнот

støvsuger

пилосос

kaktus

кактус

lys

свічка

køkken

кухня

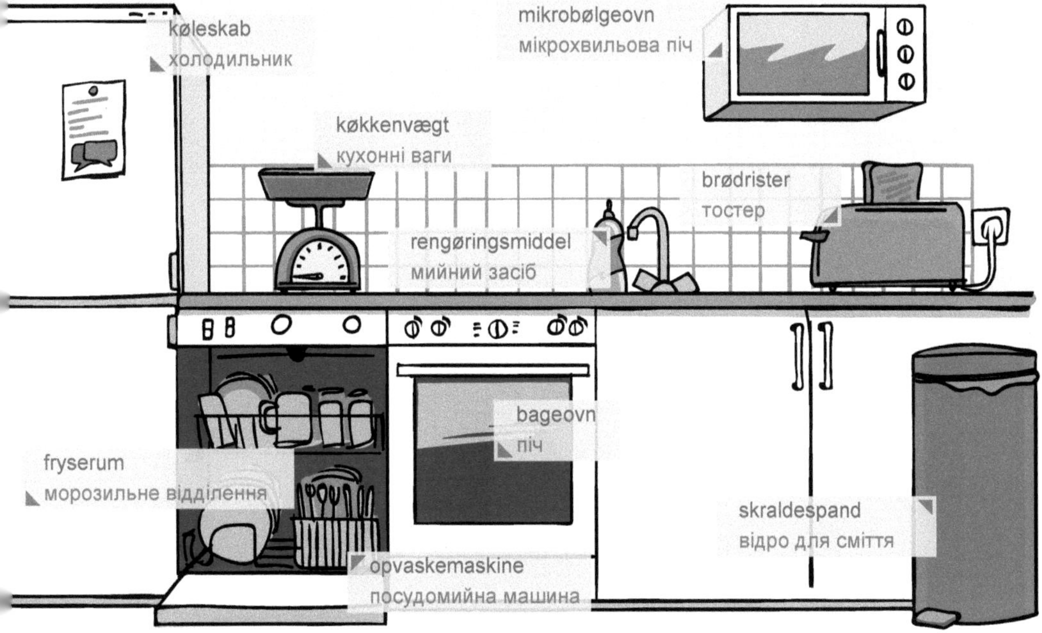
køleskab
холодильник
mikrobølgeovn
мікрохвильова піч
køkkenvægt
кухонні ваги
brødrister
тостер
rengøringsmiddel
мийний засіб
bageovn
піч
fryserum
морозильне відділення
skraldespand
відро для сміття
opvaskemaskine
посудомийна машина

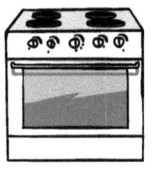

komfur

плита

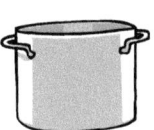

gryde

горщик

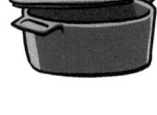

jerngryde

чавунний горщик

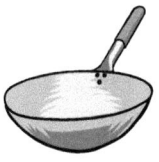

wok / kadai

вок / кадай

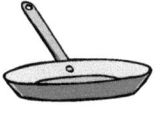

pande

сковорода

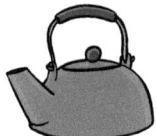

elkedel

чайник

dampkoger

пароварка

bageplade

лист

service

посуд

bæger

кухоль

skål

чаша

spisepinde

палички для їжі

øseske

черпак

paletkniv

лопатка

piskeris

вінчик для збивання

dørslag

сито

si

сито

rive

терка

morter

ступка

grille

барбекю

ildsted

багаття

skærebræt

дошка

kagerulle

качалка

proptrækker

штопор

dåse

конзерва

dåseåbner

відкривачка

grydelap

прихватки

køkkenvask

раковина

børste

щітка

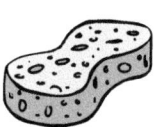

svamp

губка

blender

міксер

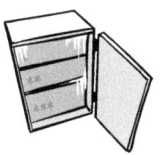

dybfryser

морозильна камера

sutteflaske

дитяча пляшка

vandhane

кран

badeværelse

ванна кімната

radiator
опалення
brusebad
душ
håndklæde
рушник
bruserforhæng
душова завіса
skumbad
платиста ванна
badekar
ванна
glas
склянка
vaskemaskine
пральна машина
vandhane
кран
fliser
плитка
tissepotte
горшок
køkkenvask
раковина

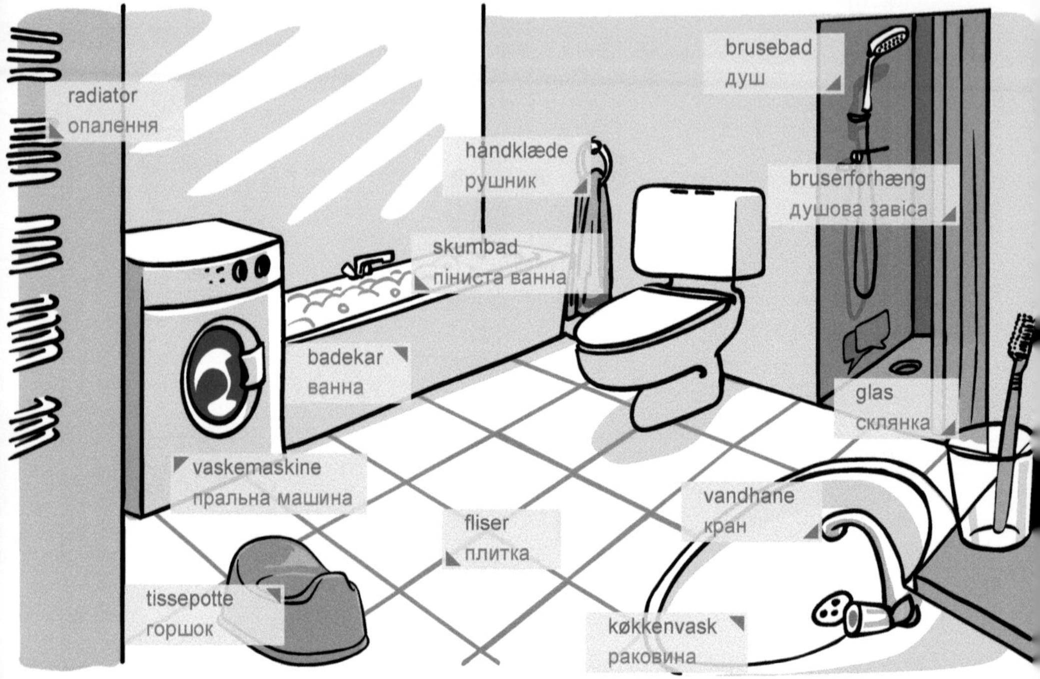

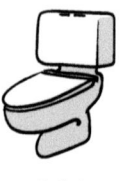

toilet

туалет

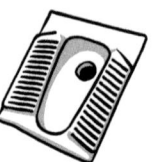

hugsiddende toilet

підлоговий туалет

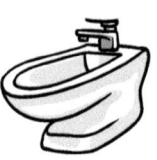

bidet

біде

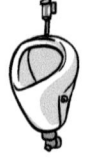

pissoir

пісуар

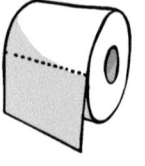

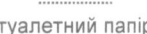

toiletpapir

туалетний папір

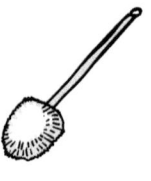

toiletbørste

щітка для туалету

tandbørste

зубна щітка

tandpasta

зубна паста

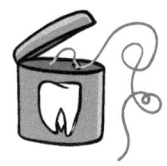

tandtråd

нитка для чищення зубів

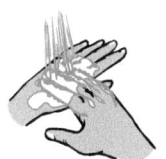

vaske

мити

håndbruser

ручний душ

intimbruser

інтимний душ

vaskefad

таз

badebørste

щітка для спини

sæbe

мило

brusegele

гель для душу

shampoo

шампунь

vaskeklud

мочалка

afløb

водостік

creme

крем

deodorant

дезодорант

spejl

дзеркало

kosmetikspejl

косметичне дзеркало

barberhøvl

бритва

barberskum

піна для гоління

barbervand

лосьйон після гоління

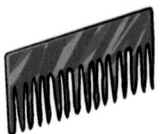

kam

гребінь

børste

щітка

hårtørrer

фен

hårspray

лак для волосся

makeup

косметика

læbestift

губна помада

neglelak

лак для нігтів

vat

вата

neglesaks

ножиці для нігтів

parfume

парфум

toilettaske

косметичка

skammel

табурет

vægt

ваги

badekåbe

халат

gummihandsker

гумові рукавички

tampon

тампон

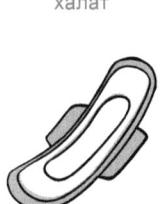

damebind

гігієнічні прокладки

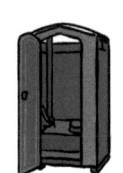

kemisk toilet

біотуалет

børneværelse

дитяча кімната

vækkeur
будильник
bamse
м'яка іграшка
legetøjsbil
іграшковий автомобіль
skralde
брязкальце
dukkehus
ляльковий будиночок
gave
подарунок

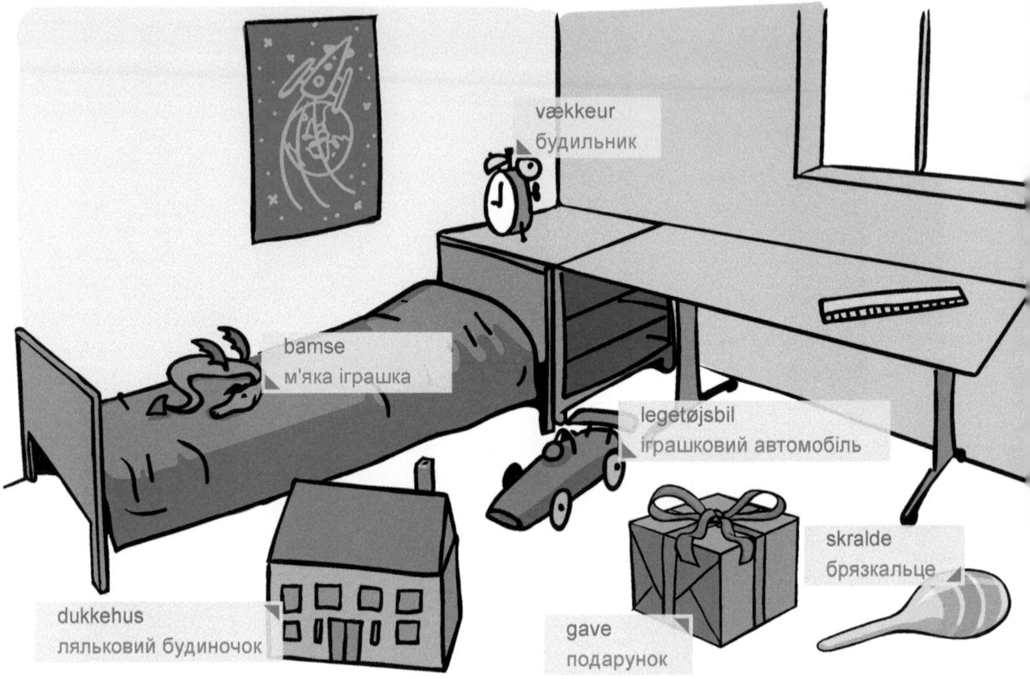

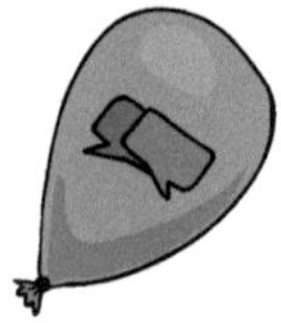

ballon

повітряна кулька

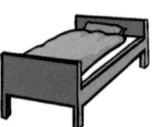

seng

ліжко

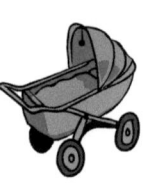

barnevogn

дитячий візок

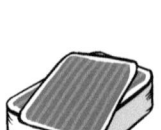

kortspil

картярська гра

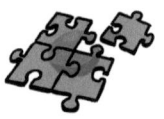

puslespil

пазл

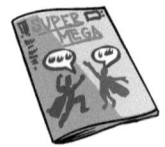

tegneserie

комікс

legoklodser

лего цеглинки

byggeklodser

блоки

action figur

іграшкова фігурка

sparkedragt

повзунки

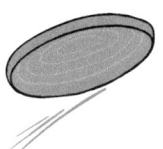

frisbee

фризбі

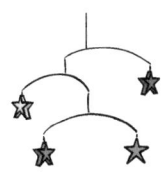

uro

мобіле

brætspil

настільна гра

terning

кубик

modeljernbane

модель залізнична станція

sut

соска

fest

вечірка

billedbog

книжка з картинками

bold

м'яч

dukke

лялька

lege

грати

sandkasse

пісочниця

gynge

гойдалка

legetøj

іграшка

spillekonsol

гральна консоль

trehjulet cykel

триколісний велосипед

bamse

плюшевий мішка

klædeskab

шафа

tøj

одяг

sokker

шкарпетки

strømper

панчохи

strømpebukser

колготки

sjal
шарф

paraply
парасоля

bælte
ремінь

T-shirt
футболка

sneakers
кросівки

støvler
чоботи

hjemmesko
домашнє взуття

sandaler
сандалі

sko
взуття

gummistøvler
гумові чоботи

underbukser
труси

BH
бюстгальтер

undertrøje
нижня сорочка

body

боді

bukser

штани

jeans

джинси

nederdel

спідниця

bluse

блузка

skjorte

сорочка

pullover

пуловер

sweatshirt

светр

blazer

піджак

jakke

куртка

frakke

пальто

regnfrakke

дощовик

kostume

костюм

kjole

сукня

brudekjole

весільна сукня

jakkesæt

костюм

nattrøje

нічна сорочка

pyjamas

піжама

sari

capi

hovedtørklæde

головна хустка

turban

чалма

burka

бурка

kaftan

кафтан

abaya

абая

badedragt

купальник

badebukser

плавки

korte bukser

шорти

træningsdragt

тренувальний костюм

forklæde

фартух

handsker

рукавички

knap

гудзик

briller

окуляри

armbånd

браслет

kæde

ланцюг

ring

кільце

ørering

сережка

hue

шапка

bøjle

плічка

hat

капелюх

slips

краватка

lynlås

застібка-блискавка

hjelm

шолом

seler

підтяжки

skoleuniform

шкільна форма

uniform

уніформа

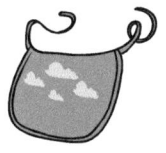

hagesmæk

нагрудник

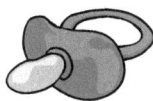

sut

соска

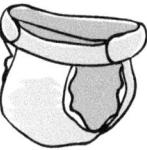

ble

підгузок

kontor
офіс

server
сервер
arkivskab
шаф для документів
printer
принтер
papir
папір
skærm
монітор
mus
миша
skrivebord
письмовий стіл
mappe
папка
tastatur
синтезатор
papirkurv
кошик для паперу
computer
комп'ютер
stol
стілець

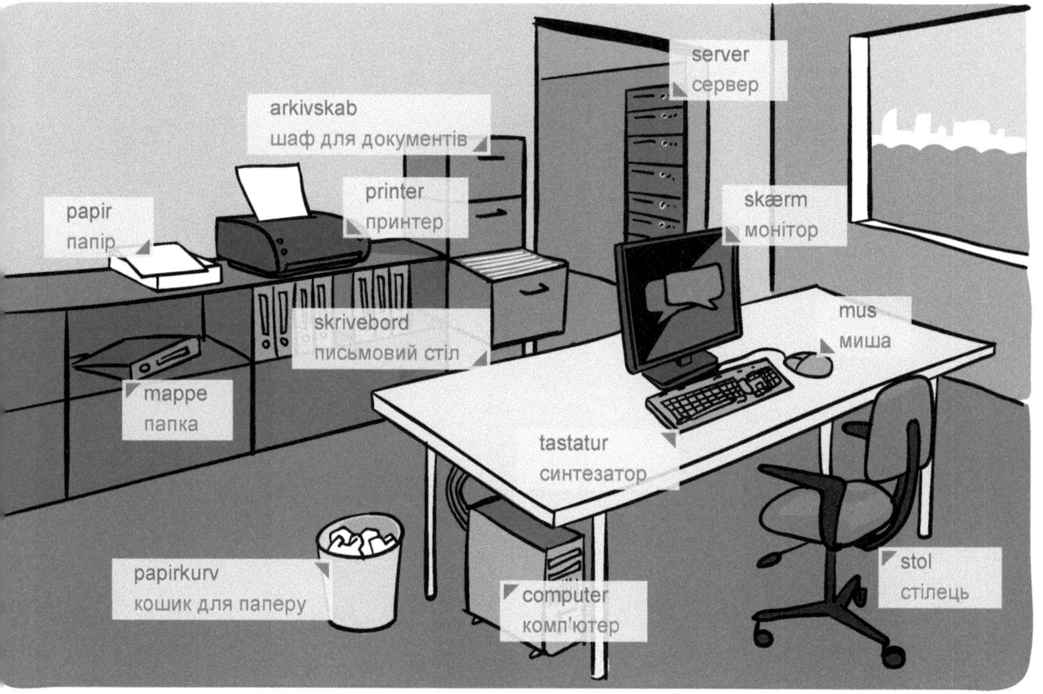

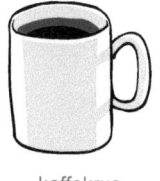

kaffekrus

кавовий кухоль

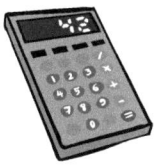

lommeregner

калькулятор

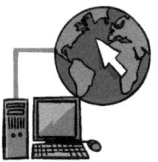

internet

інтернет

bærbar

ноутбук

brev

лист

besked

повідомлення

mobil

мобільний телефон

netværk

мережа

kopimaskine

копіювальний пристрій

software

програмне забезпечення

telefon

телефон

stikdåse

розетка

fax

факс

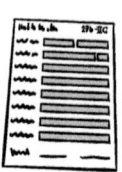

formular

бланк

dokument

документ

købe

купувати

betale

платити

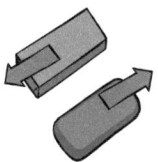

handle

торгувати

penge

гроші

USD

dollar

долар

EUR

euro

євро

JPY

yen

ієна

RUB

rubel

рубль

CHF

schweizerfranc

франк

CNY

renminbi yuan

юанів женьміньбі

INR

rupee

рупія

hæveautomat

банкомат

vekselkontor

обмінний пункт

guld

золото

sølv

срібло

olie

нафта

energi

енергія

pris

ціна

kontrakt

контракт

skat

податок

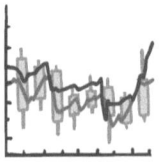

aktie

акція

arbejde

працювати

ansat

працівник

arbejdsgiver

роботодавець

fabrik

фабрика

butik

магазин

erhverv
професії

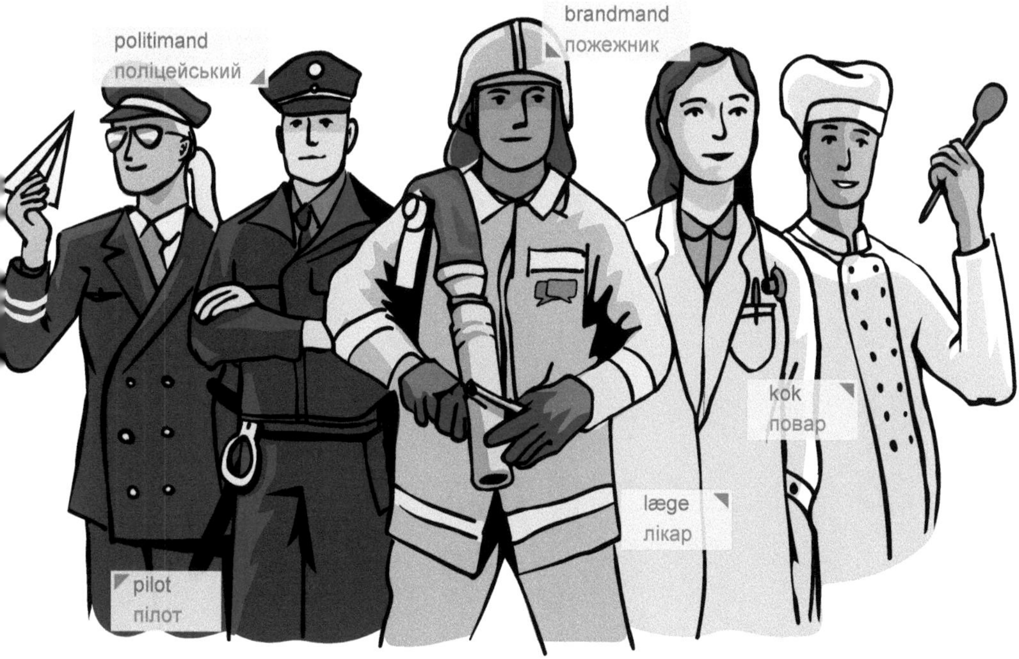

politimand
поліцейський
brandmand
пожежник
kok
повар
læge
лікар
pilot
пілот

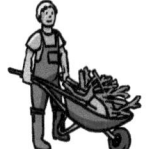

gartner

садівник

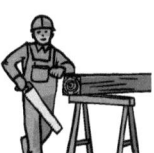

tømrer

столяр

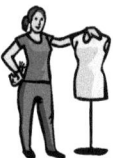

syerske

швачка

dommer

суддя

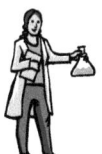

kemiker

хімік

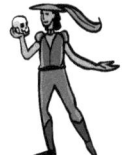

skuespiller

актор

buschauffør

водій автобуса

taxachauffør

таксист

fisker

рибалка

rengøringskone

прибиральниця

tagdækker

покрівельник

tjener

офіціант

jæger

мисливець

maler

художник

bager

пекар

elektriker

електрик

bygningsarbejder

будівельник

ingeniør

інженер

slagter

забійник

vvs-mand

бляхар

postbud

листоноша

soldat

солдат

arkitekt

архітектор

kasserer

касир

blomsterhandler

флорист

frisør

перукар

togfører

кондуктор

mekaniker

механік

kaptajn

капітан

tandlæge

дантист

videnskabsmand

вчений

rabbiner

рабин

imam

імам

munk

монах

præst

пастор

værktøj
інструменти

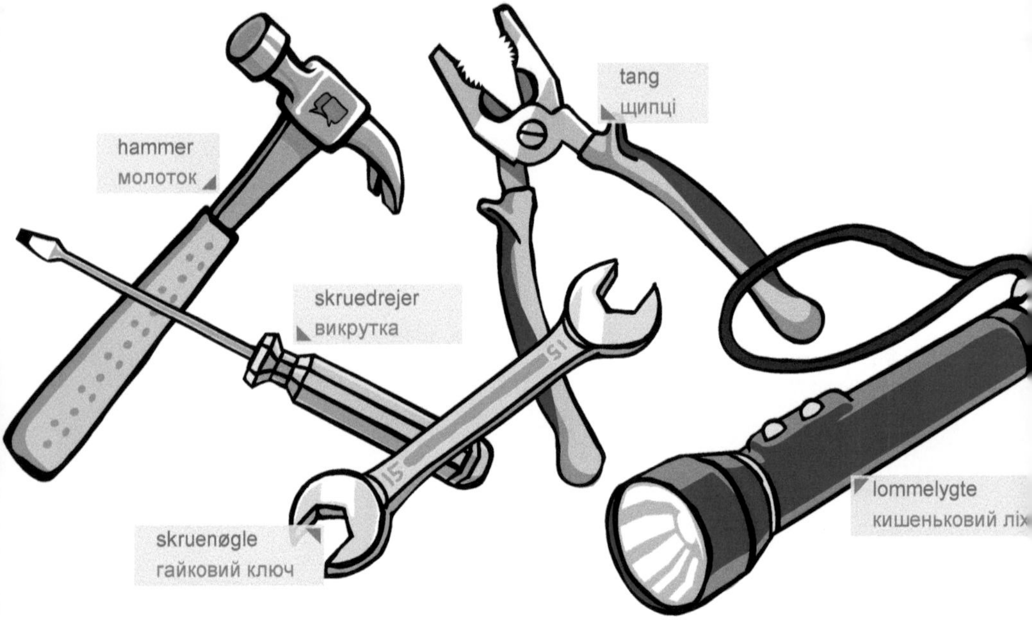
hammer
молоток
tang
щипці
skruedrejer
викрутка
skruenøgle
гайковий ключ
lommelygte
кишеньковий ліх

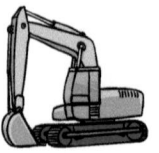

gravemaskine

екскаватор

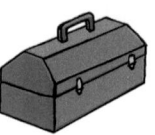

værktøjskasse

ящик для інструментів

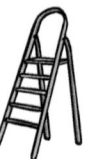

stige

драбина

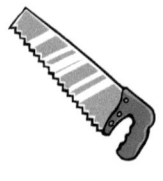

sav

пилка

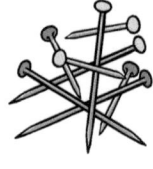

søm

цвяхи

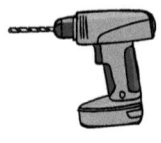

bor

свердло

reparere
ремонтувати

skovl
лопата

Lort!
лайно!

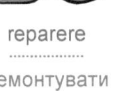

fejebakke
совок

malerspand
відро з фарбою

skruer
гвинти

musikinstrumenter
музичні інструменти

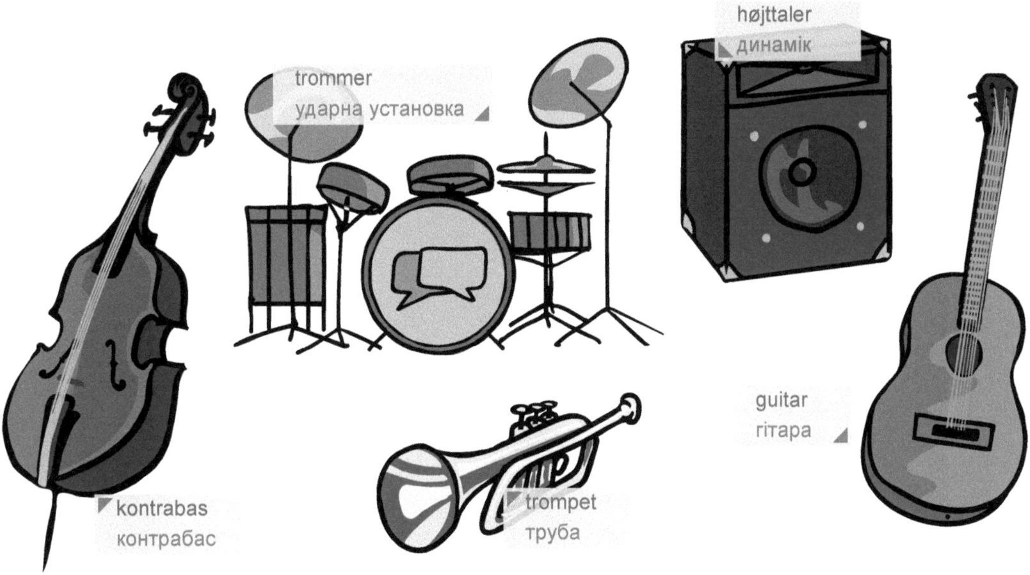

trommer
ударна установка

højttaler
динамік

kontrabas
контрабас

trompet
труба

guitar
гітара

klaver

фортепіано

violin

скрипка

bas

бас

pauke

литаври

tromme

барабан

keyboard

клавіатура

saxofon

саксофон

fløjte

флейта

mikrofon

мікрофон

zoo

зоопарк

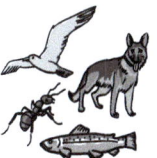

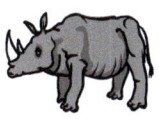

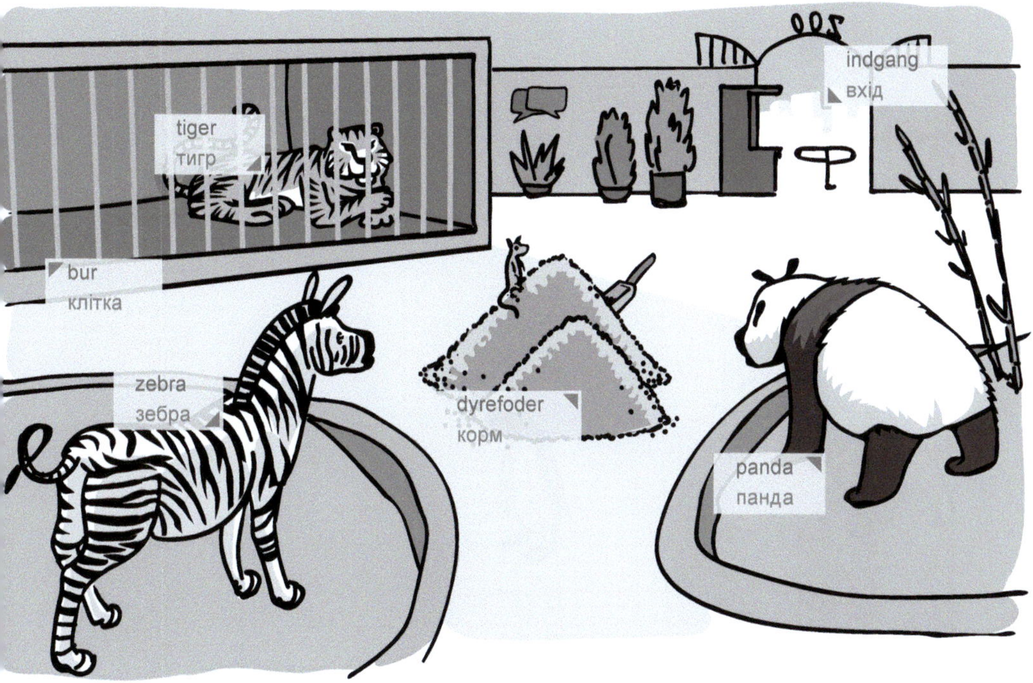
indgang
вхід
tiger
тигр
bur
клітка
zebra
зебра
dyrefoder
корм
panda
панда

dyr
....
тварини

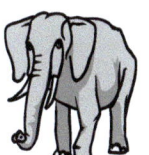

elefant
....
слон

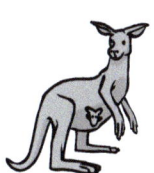

kænguru
....
кенгуру

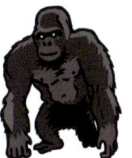

næsehorn
....
носоріг

gorilla
....
горила

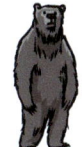

bjørn
....
ведмідь

kamel

верблюд

struds

страус

løve

лев

abe

мавпа

flamingo

фламінго

papegøje

папуга

isbjørn

білий ведмідь

pingvin

пінгвін

haj

акула

påfugl

павич

slange

змія

krokodille

крокодил

dyrepasser

працівник зоопарку

sæl

тюлень

jaguar

ягуар

zoo - зоопарк

pony

поні

leopard

леопард

flodhest

гіпопотам

giraf

жираф

ørn

орел

vildsvin

кабан

fisk

риба

skildpadde

черепаха

hvalros

морж

ræv

лисиця

gazelle

газель

amerikansk football
американський футбол

cykling
їзда на велосипеді

tennis
теніс

basketball
баскетбол

svømning
плавання

boksning
бокс

ishockey
хокей

fodbold

футбол

badminton

бадмінтон

atletik

легка атлетика

håndbold

гандбол

skiløb

лижні перегони

polo

поло

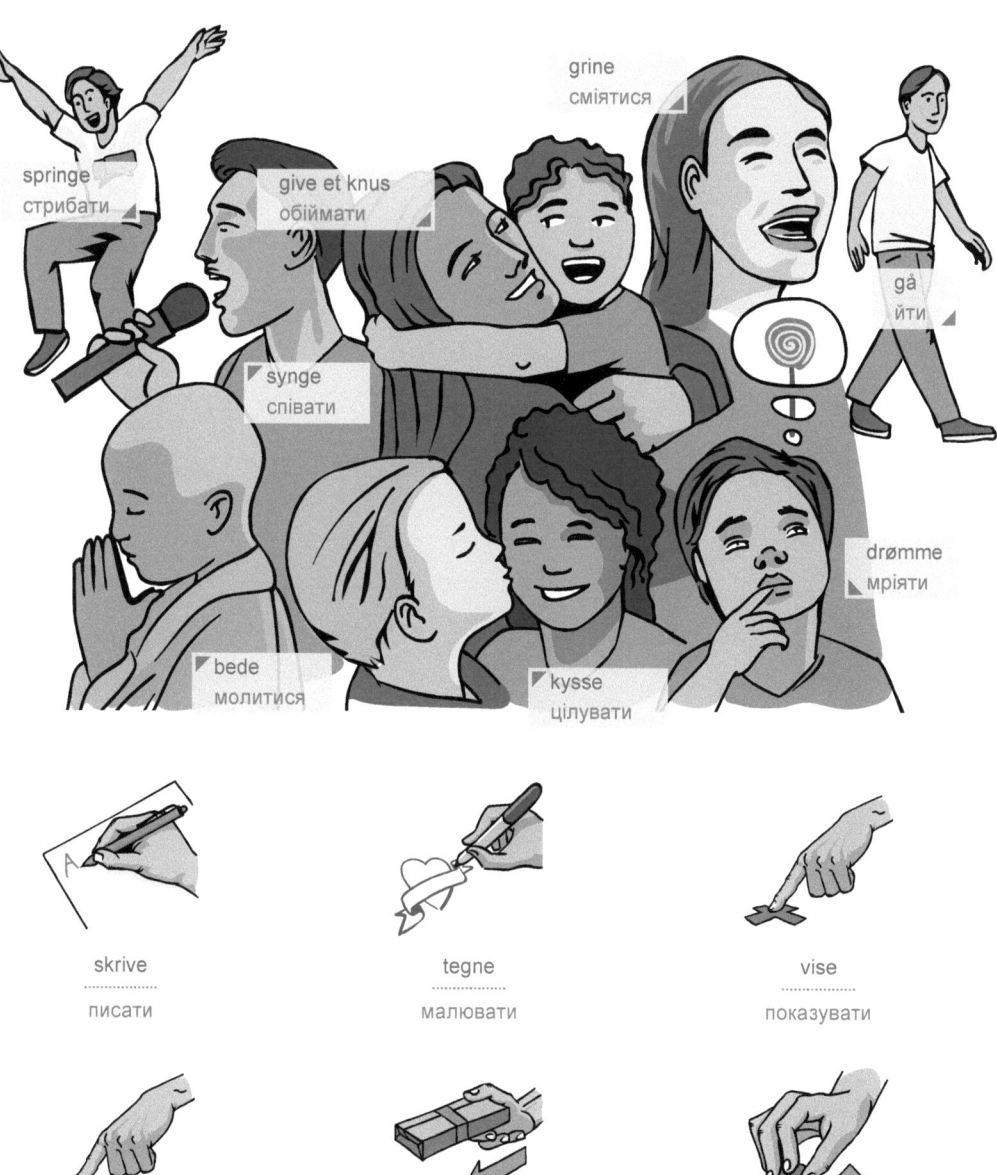

springe
стрибати

give et knus
обіймати

grine
сміятися

gå
йти

synge
співати

drømme
мріяти

bede
молитися

kysse
цілувати

skrive	tegne	vise
писати	малювати	показувати

skubbe	give	tage
тиснути	давати	брати

have

мати

gøre

робити

være

бути

stå

стояти

løbe

бігати

trække

тягнути

kaste

кидати

falde

падати

ligge

лежати

vente

очікувати

bære

носити

sidde

сидіти

tage på

одягати

sove

спати

vågne

просипатися

se på

дивитися

græde

плакати

ae

гладити

kæmme

розчісувати

tale

розмовляти

forstå

розуміти

spørge

питати

høre

слухати

drikke

пити

spise

їсти

rydde op

прибирати

elske

любити

koge

варити

køre

їхати

flyve

літати

sejle

йти під вітрилом

regne

рахувати

læse

читати

lære

вчитися

arbejde

працювати

gifte sig med

одружуватися

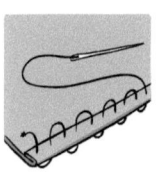

sy

шити

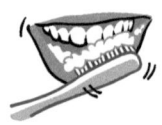

børste tænder

чистити зуби

dræbe

убивати

ryge

курити

sende

посилати

bedstemor
бабуся

bedstefar
дідуся

far
батько

mor
мати

baby
немовля

datter
донька

søn
син

gæst

гість

tante

тітка

onkel

дядько

bror

брат

søster

сестра

krop
тіло

pande
чоло
øje
око
skulder
плече
finger
палець
ansigt
обличчя
hage
підборіддя
hånd
кисть
ben
нога
bryst
груди
arm
рука

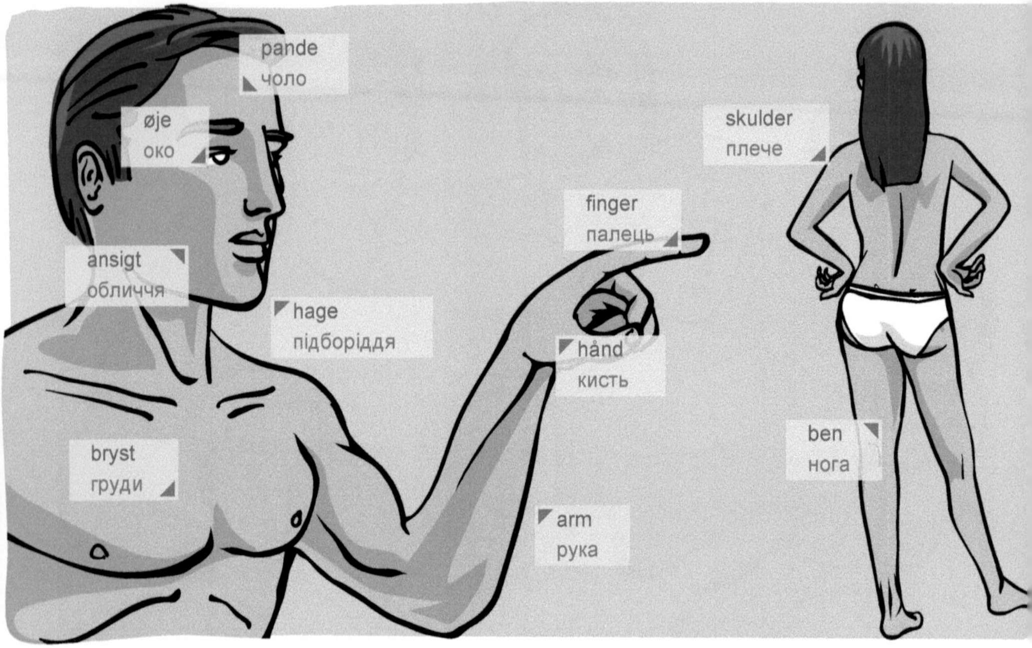

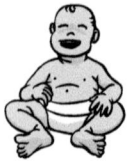

baby
немовля

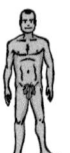

mand
чоловік

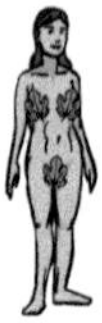

kvinde
жінка

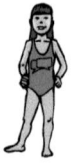

pige
дівчина

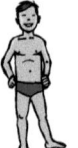

dreng
хлопчик

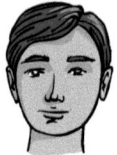

hoved
голова

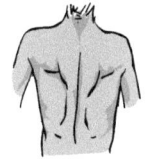

ryg

спина

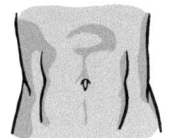

mave

живіт

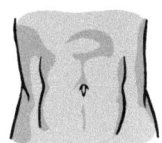

navle

пуп

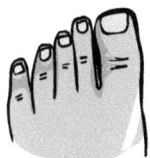

tå

палець ноги

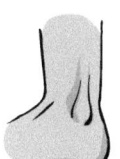

hæl

п'ята

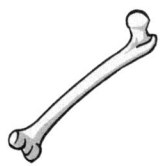

knogle

кістка

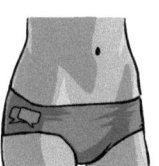

hofte

стегно

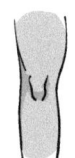

knæ

коліно

albue

лікоть

næse

ніс

bagdel

сідниці

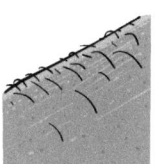

hud

шкіра

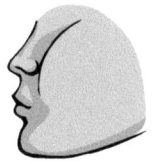

kind

щока

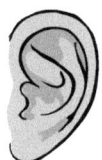

øre

вухо

læbe

губа

krop - тіло

mund

рот

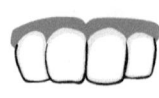

tand

зуб

tunge

язик

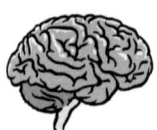

hjerne

мозок

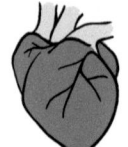

hjerte

серце

muskel

м'яз

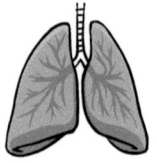

lunge

легені

lever

печінка

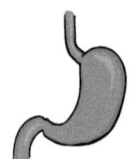

mavesæk

шлунок

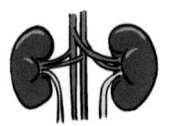

nyrer

нирки

sex

статевий акт

kondom

презерватив

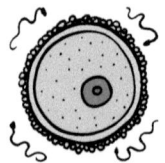

ægcelle

яйцеклітина

sperm

сперма

svangerskab

вагітність

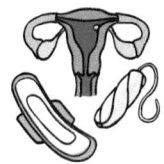

menstruation

менструація

vagina

вагіна

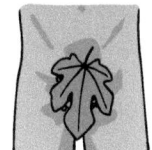

penis

пеніс

øjenbryn

брова

hår

волосся

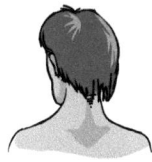

hals

шия

sygehus
лікарня

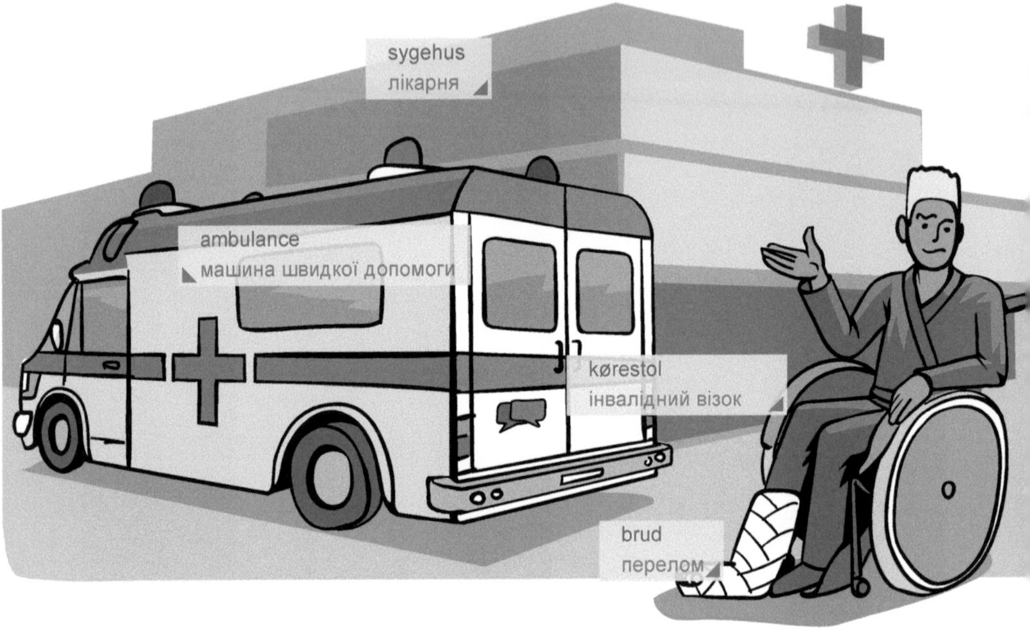

sygehus
лікарня
ambulance
машина швидкої допомоги
kørestol
інвалідний візок
brud
перелом

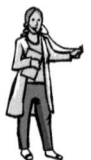

lægе
....
лікар

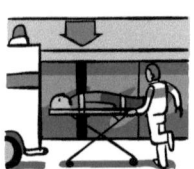

akutmodtagelse
....
відділення швидкої медичної допомоги

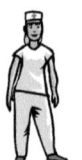

sygeplejerske
....
медсестра

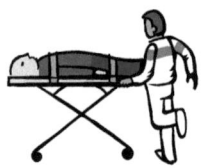

nødstilfælde
....
аварійний випадок

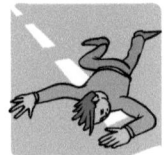

bevidstløs
....
непритомний

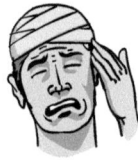

smerte
....
біль

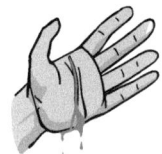

skade

травма

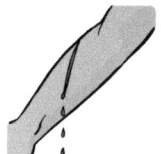

blødning

кровотеча

hjerteinfarkt

інфаркт

slagtilfælde

інсульт

allergi

алергія

hoste

кашель

feber

лихоманка

influenza

грип

diarré

пронос

hovedpine

головна біль

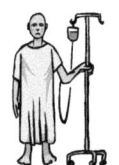

kræft

рак

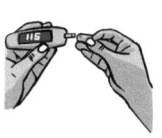

diabetes

діабет

kirurg

хірург

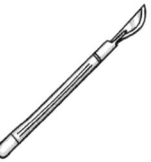

skalpel

скальпель

operation

операція

CT

КТ

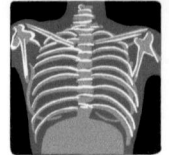

røntgen

рентген

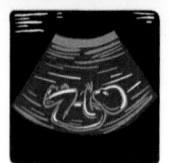

ultralyd

ультразвук

maske

маска

sygdom

хвороба

venteværelse

зал очікування

krykke

милиця

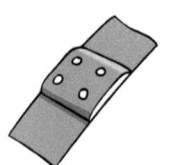

plaster

пластир

forbinding

пов'язка

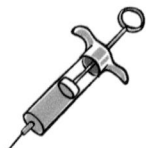

injektion

ін'єкція

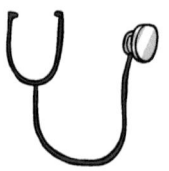

stetoskop

стетоскоп

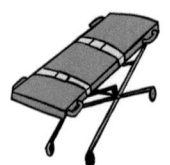

båre

ноші

termometer

термометр

fødsel

народження

overvægt

надмірна вага

sygehus - лікарня

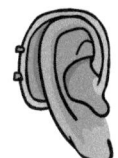

høreapparat

слуховий апарат

desinficerende middel

дезінфікуючий засіб

infektion

інфекція

virus

вірус

HIV / AIDS

ВІЛ / СНІД

medicin

медицина

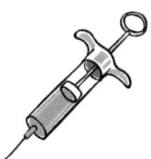

vaccination

вакцинація

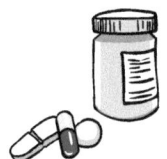

tabletter

таблетки

pille

протизаплідна пігулка

nødopkald

екстрений виклик

blodtryksmåler

тонометр

syg / rask

хворий / здоровий

Hjælp!

Допоможіть!

alarm

сигнал тривоги

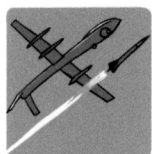

angreb

атака

fare

небезпека

nødudgang

аварійний вихід

Det brænder!

Вогонь!

ildslukker

вогнегасник

uheld

аварія

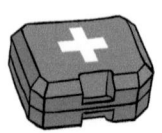

førstehjælps-kuffert

аптечка

SOS

СОС

politi

поліція

Europa

Європа

Nordamerika

Північна Америка

Sydamerika

Південна Америка

Afrika

Африка

Asien

Азія

Australien

Австралія

Atlanterhavet

Атлантика

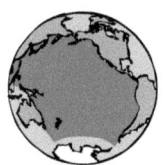

Stillehavet

Тихий океан

Indiske Ocean

Індійський океан

Sydlige Ishav

Антарктичний океан

Ishav

Північний Льодовитий океан

Nordpol

Північний полюс

Sydpol

Південний полюс

Antarktis

Антарктика

Jorden

Земля

land

суша

hav

море

ø

острів

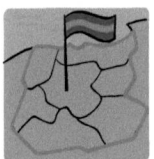

nation

нація

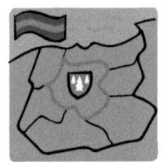

stat

держава

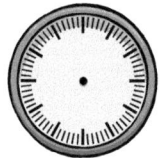

urskive

циферблат

timeviser

годинникова стрілка

minutviser

хвилинна стрілка

sekundviser

секундна стрілка

Hvad er klokken?

Котра година?

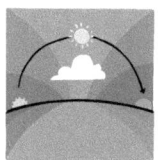

dag

день

tid

час

nu

зараз

digitalur

цифровий годинник

minut

хвилина

time

година

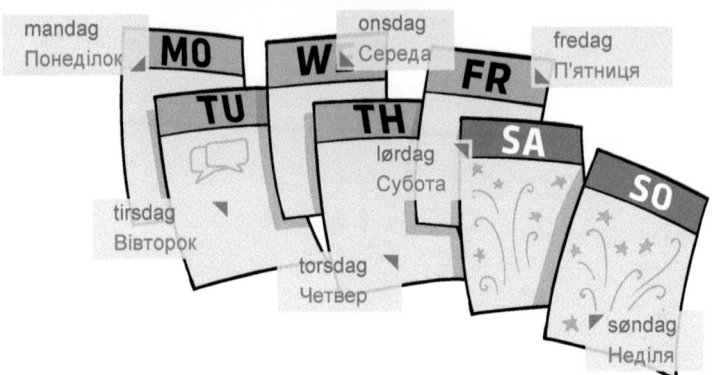

mandag
Понеділок

onsdag
Середа

fredag
П'ятниця

tirsdag
Вівторок

lørdag
Субота

torsdag
Четвер

søndag
Неділя

i går

вчора

i dag

сьогодні

i morgen

завтра

morgen

ранок

middag

опівдні

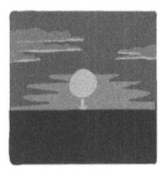

aften

вечір

MO	TU	WE	TH	FR	SA	SU
1	2	3	4	5	6	7
8	9	10	11	12	13	14
15	16	17	18	19	20	21
22	23	24	25	26	27	28
29	30	31	1	2	3	4

arbejdsdage

робочі дні

MO	TU	WE	TH	FR	SA	SU
1	2	3	4	5	6	7
8	9	10	11	12	13	14
15	16	17	18	19	20	21
22	23	24	25	26	27	28
29	30	31	1	2	3	4

weekend

кінець робочого тижня

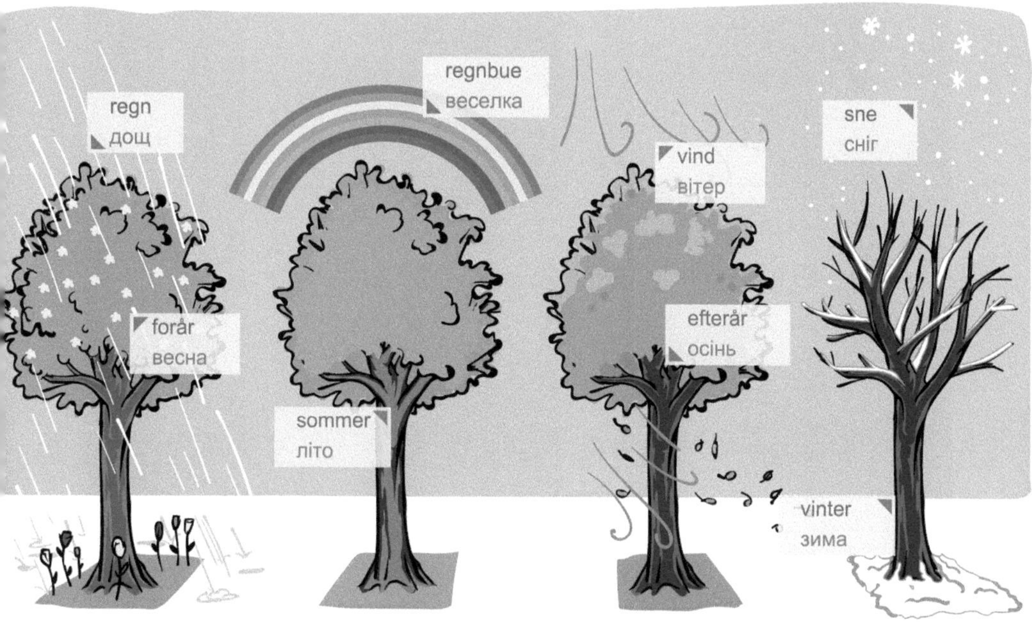

regn
дощ
regnbue
веселка
vind
вітер
sne
сніг
forår
весна
sommer
літо
efterår
осінь
vinter
зима

4.APRIL 11°
5.APRIL 4°
6.APRIL 13°
7.APRIL 8°
8.APRIL 10°

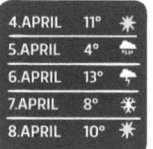

vejrudsigt

прогноз погоди

F C
120 40
90 30
60 20
30 10
0 0
-30 -10
-20

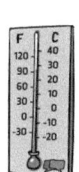

termometer

термометр

solskin

сонячне світло

sky

хмара

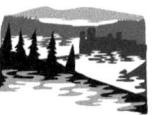

tåge

туман

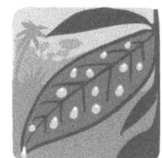

luftfugtighed

вологість повітря

lyn

блискавка

torden

грім

storm

шторм

hagl

град

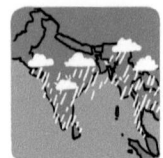

monsun

мусон

flod

повінь

is

лід

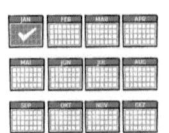

januar

Січень

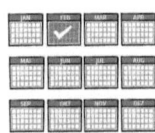

februar

Лютий

marts

Березень

april

Квітень

maj

Травень

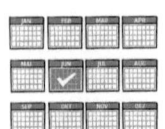

juni

Червень

juli

Липень

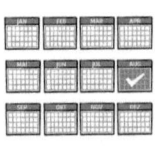

august

Серпень

år - рік

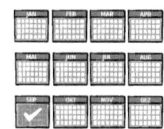

september
....
Вересень

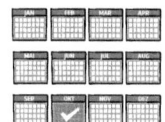

oktober
....
Жовтень

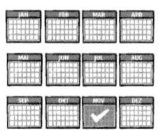

november
....
Листопад

december
....
Грудень

former
форми

cirkel
....
круг

kvadrat
....
квадрат

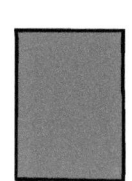

firkant
....
прямокутник

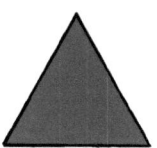

trekant
....
трикутник

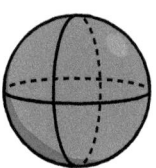

kugle
....
куля

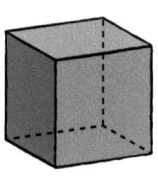

terning
....
куб

hvid

білий

gul

жовтий

orange

помаранчевий

pink

рожевий

rød

червоний

lilla

фіолетовий

blå

синій

grøn

зелений

brun

коричневий

grå

сірий

sort

чорний

meget / lidt

багато / мало

rasende / fredelig

лютий / мирний

smuk / grim

гарний / бридкий

begyndelse / slut

початок / кінець

stor / lille

великий / малий

lys / mørk

світлий / темний

bror / søster

брат / сестра

ren / snavset

чистий / брудний

fuldkommen / ufuldkommen

завершений /
незавершений

dag / nat

день / ніч

død / levende

мертвий / живий

bred / smal

широкий / вузький

spiselig / uspiselig

їстівний / неїстівний

vred / venlig

злий / дружній

ophidset / kedet

збуджений / нудьгуючий

tyk / tynd

товстий / тонкий

først / sidst

спочатку / востаннє

ven / fjende

друг / ворог

fuld / tom

повний / порожній

hård / blød

жорсткий / м'який

tung / let

важкий / легкий

sult / tørst

голод / спрага

syg / rask

хворий / здоровий

illegal / legal

незаконний / законний

intelligent / dum

розумний / дурний

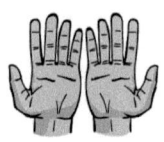

venstre / højre

вліво / вправо

nær / fjern

поруч / далеко

ny / brugt

новий / використаний

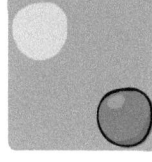

intet / noget

нічого / щось

gammel / ung

старий / молодий

tændt / slukket

вкл / викл

åben / lukket

відкрито / закрито

stille / højt

тихо / гучно

rig / fattig

багатий / бідний

rigtig / forkert

правильно / неправильно

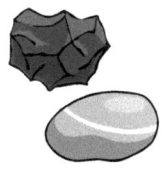

ru / glat

шорсткий / гладкий

ked af det / lykkelig

сумний / щасливий

kort / lang

короткий / довгий

langsom / hurtig

повільно / швидко

våd / tør

вологий / сухий

varm / kold

гарячий / холодний

krig / fred

війна / мир

0

nul

нуль

1

en

один

2

to

два

3

tre

три

4

fire

чотири

5

fem

п'ять

6

seks

шість

7

syv

сім

8

otte

вісім

9

ni

дев'ять

10

ti

десять

11

elleve

одинадцять

12

tolv

дванадцять

13

tretten

тринадцять

14

fjorten

чотирнадцять

15

femten

п'ятнадцять

16

seksten

шістнадцять

17

sytten

сімнадцять

18

atten

вісімнадцять

19

nitten

дев'ятнадцять

20

tyve

двадцять

100

hundrede

сто

1.000

tusinde

тисяча

1.000.000

million

мільйон

engelsk

англійська

amerikansk engelsk

американська англійська

kinesisk mandarin

китайська
високочиновницька

hindi

хінді

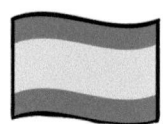

spansk

іспанська

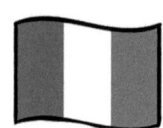

fransk

французька

arabisk

арабська

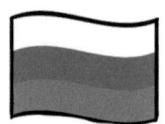

russisk

російська

portugisisk

португальська

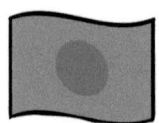

bengalsk

бенгальська

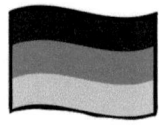

tysk

німецька

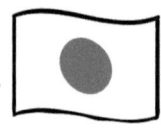

japansk

японська

jeg

я

du

ти

han / hun / den / det

він / вона / воно

vi

ми

I

ви

de

вони

hvem?

хто?

hvad?

що?

hvordan?

як?

hvor?

де?

hvornår?

коли?

navn

ім'я

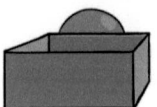

bag

ззаду

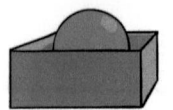

i

в

foran

перед

over

над

på

на

under

під

ved siden af

біля

imellem

між

sted

місце